Made in the USA
Coppell, TX
20 December 2019

13506980R10066